**言語感覚をみがく！**

# ことばあそび
# ワーク

文字の世界

1・2
年生

JN097883

PIKAPIKA

MOJAMOJA

KUSHAKUSHA

MOKUMOKU

FUSAFUSA

TOGETOGE

PURUPURU

DORODORO

Z-KAI

「ことばあそびって、おもしろいのかな。」

「ことばを　楽しく　学びたいな。」

「国語が　すきになれたら　いいな。」

　この本を　手に　とってくれた　あなたは、きっと　そんな
ふうに　思って　いるのではないでしょうか。

　ことばあそびは、楽しみながら、ことばを　学ぶことが　できるのです。
そして、ことばあそびを　することで、自分で　考える力が
どんどん　みに　ついていきます。

　楽しい　気もちで　学んでこそ　力に　なります。学ぶことが
楽しくなれば、もっと　学びたくなるものです。

　いろいろな　ことばあそびを　楽しみながら、文字と　ことばに
たくさん　出会ってください。出会った　文字や　ことばを　つかって、
読んだり　書いたりすると、もっと　楽しくなりますよ。

　この本が、あなたの　ことばの　力を　つける、なかよしの
ともだちに　なりますように。

大越 和孝・成家 亘宏・泉 宜宏・今村 久二

# もくじ

〈この本に　出てくる　キャラクター〉

ジュン

小学2年生。
本を　読むのが　すき。
しょうらいの　ゆめは
ぼうけん家。

モモ

ジュンの　あいぼう。
からだの　色が　かわる
ふしぎな　ねこ。

ある日、
ジュンは　目を　さますと、
へんてこな　生きものたちに
かこまれていました。

ジュンと　ねこの　モモは、地球人の
代表として、宇宙人に　さらわれて
しまったのです。
いったい、なんの　ために？
そして、ジュンは　おうちへ
帰る　ことが　できるのでしょうか。

ジュンと　モモが、さいしょに　つれて　こられたのは、
ふさふさ星でした。どこもかしこも　ふっさふさ。目の　前に
いる　ふさふさ星人の　頭も　ふさふさでした。

地球人の　ジュンが、
どんな　人かを　テストするふさ。
この　はこの　中に、
何が　入って　いるか　わかる？

「か」と「な」と「さ」だね。
あっ！　ひらがなを　組み合わ
せると……入っているのは、
「さかな」と「かさ」だよ！

ふう～ん……。
なかなか　やるふさ。
（ふむふむ。ひらがなを
　組み合わせるのか…！）

# 1 ひらがな パズル

● かごの　中（なか）に　やさいが　５つ　入（はい）っているらしい。

ひらがなを　組（く）み合（あ）わせて、やさいの　名前（なまえ）を　書（か）こう。

＊ひらがなは　１回（かい）しか　つかえないよ。

●ばらばらに　なった　カードを　うまく　組み合わせると
　ひらがなが　6つ　できるよ。
　できた　ひらがなで、ことばを　作ろう。

● 6つの　ひらがな

|  |  |  |  |  |  |
|--|--|--|--|--|--|
|  |  |  |  |  |  |

●ひらがなを　組み合わせて　できる　ことば

|  |  |  |
|--|--|--|
|  |  |  |
|  |  |  |

# 2 ひらがな あんごう文

● 右の　ページの　あんごう文には
なんと　書いて　あるかな？
あんごうを　とくカギは　下の　ひらがな表だ。

| わ | ら | や | ま | は | な | た | さ | か | あ |
|---|---|---|---|---|---|---|---|---|---|
|  | り |  | み | ひ | に | ち | し | き | い |
| を | る | ゆ | む | ふ | ぬ | つ | す | く | う |
|  | れ |  | め | へ | ね | て | せ | け | え |
| ん | ろ | よ | も | ほ | の | と | そ | こ | お |

「あ」の　下は「い」、
「ち」の　右は「し」。
つづけて　読むと
「いし」だよ。

へえ、ひらがな表の
上下、左右を　見て
文字を　さがすふさね。

ぼくの

① 
「つ」の　右<sub>みぎ</sub>
「く」の　上<sub>うえ</sub>

な

②
「ね」の　下<sub>した</sub>
「る」の　上<sub>うえ</sub>
「ほ」の　左<sub>ひだり</sub>
「ほ」の　右<sub>みぎ</sub>

は、

③
「は」の　下<sub>した</sub>
「お」の　左<sub>ひだり</sub>
「え」の　上<sub>うえ</sub>
「し」の　右<sub>みぎ</sub>

と、

④
「き」の　右<sub>みぎ</sub>
「し」の　左<sub>ひだり</sub>
「ら」の　下<sub>した</sub>
「ろ」の　左<sub>ひだり</sub>

しゃ　だよ。

●あんごうを　といたら、□に　書<sub>か</sub>こう。

①

②

③

④

# 3 にている　ひらがな　めいろ

● にている　ひらがな　めいろに　やってきた。
□に　入る、正しいほうの　文字を　えらんで
ゴールまで　すすもう。

うち□　ね　わ

まる□　た　こ

□か　つ　し

□り　め　の

□くら　き

う□わ　さき

□　さ

は

ほ

□し

す□か

り

い

□うそく

ろ

か　や

□らす

る

ゴール!

●とおった 文字を つづけて 下に 書こう。

13

形が にている 文字に、気をつけないと
いけないよ。たとえば、ほら。

# ぬ が わ

本当は、「めがね」って 書きたかったんだよ。

わわわ！ まったく ちがう ことばだふさ！
「ぬ」と「め」、「わ」と「ね」が、にているけれど、
まちがえて 書くと、つたわらないふさ。

そうなんだよ。
文字は、大きさや デザインなどで いろいろな
あらわしかたが あるけれど、ほかの 文字に
ならないように、気をつけないとね！

# あ あ あ あ あ
# あ あ あ め

あれれ？
ひとつ ちがう 文字が、
あるふさ！

## ★ やってみよう！ ★

みのまわりで、文字あつめを してみよう。

同じ 文字でも、ちがう ところ、いつでも かわらない

ところは、どこだろう？

ジュンと　モモが、つぎに　やって　きたのは、どろどろ星

でした。どろどろ星人<sup>せいじん</sup>が、どろどろどろと　話<sup>はな</sup>しかけて

きました。

ジュンが　「ひらかな」を
本当<sup>ほんとう</sup>に　わかって　いるか
テストするどろ。

ひらかな？
ひらかなじゃなくて、ひらがなだよ。

## ×ひらかな
## 〇ひらがな

う、うるさ〜い　どろどろどろ……。
ちょっと　言<sup>い</sup>いまちがえたどろ。
（ひらがな？
　この　てんてん「゛」は　何<sup>なん</sup>だ!?）

# 4 「゛」が 多いぞ !?

● どろどろ星人が、「゛」を つけすぎちゃった！
絵に 合うように、正しく 書き直そう。

がぎの　ぎ

ぎんごの　がぎ

ぐじを
びぐ

じろい　ぐじ

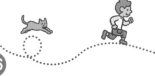

ぎれいな　ごま

ごまじおを
がげる

まどを　あげる

まどに　あでる

ばれの　でんぎ

でんぎを
づげる

# 5 「 ゛」と「 ゜」が ないぞ!?

● こんどは、「 ゛」と　「 ゜」を
書<sub>か</sub>きわすれちゃった！　絵<sub>え</sub>に
合<sub>あ</sub>う　文<sub>ぶん</sub>に　なるように、
「 ゛」と　「 ゜」を
つけよう。

> みつはちか
> ふんふん
> とふ。

> おりかみを
> ひりひりに
> やふく。

> いろえんひつか
> はらはらに
> なる。

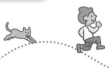

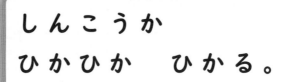

しんこうか
ひかひか　ひかる。

かえるか
ひょんひょん
はねる。

ひさか
すきすきと
いたむ。

うきわて
ふかふか　うかふ。

# 6 「 ゛」や「 ゜」が つく ことば パズル

● 「 ゛」や 「 ゜」に 気を つけて、
絵に 合う ことばを 書こう。

→

え

1 + 3 = □
4 + 5 = □

ジュンの　おかげで、「　゛」が　ついた　ひらがなを
書けるように　なったどろ。

゛たん゛こを　　た゛へる

ええ〜!!!　それじゃあ　だめだよ。
「　゛」は　文字の　右上に　つけるんだよ。

つける　ところが　きまって　いるどろ？
それを　先に　教えてどろよ〜!!!

だんごを　　たべる

「　゜」も　同じだなどろ。

たんぽぽ　　えんぴつ

そうだよ。でも、あれれ？
「　゜」が　つかない　文字にも　ついているよ！

★ やってみよう！★

　口を　あけたまま、「　゛」や　「　゜」が　ついた　ことばを
言えるかな？　どんな　ことばの　ときに　くちびるが
くっつくのか　しらべてみよう！

「宇宙人たちは、ひらがなの　ことが　ぜんぜん　わかって
いないみたい。テストを　するって　言っていたのに　へんだ
なあ。」と　ジュンが　思っていると、くしゃくしゃ星人が
くしゃくしゃと　何かを　つぶやいていました。

### 新はつばい！
# きつねの　きって

この　かんばんの　「つ」は
小さすぎて　読みにくいくしゃ。
大きく　書き直すくしゃ！

まって！　書き直しちゃ　だめ！
これは、小さい「っ」だよ。

〇 きって
× きつて

（くしゃ？　大きい「つ」と、小さい「っ」
が　あるくしゃ？）

# 7 「つ」と 「っ」の おもしろ カルタ

● □に 合う ことばを 書いて、
おもしろ カルタを 作ろう。

〈れい〉

ねこ が
ねっこ に
ねころんだ。

小さい 「っ」が
入ると ちがう
ことばに なるね！

ぶわっと
□ が
□ だ。

ぶた が
ふたで
□。

# 8 「や・ゆ・よ」の オノマトペ日記

● □□□に 合う ことばを ┈┈┈から えらんで、
日記を かんせいさせよう。

＊ことばは 1回しか つかえないよ。

| | |
|---|---|
| ごちゃごちゃ | ぴょんぴょん |
| にょろにょろ | ぎゅうぎゅう |
| びしょびしょ | びゅうびゅう |
| じゃぶじゃぶ | にょきにょき |

○がつ △にち （はれ）

へびが ［　　　　　　　　　　］と

出てきそうな 山に 行きました。たけのこが

［　　　　　　　　　　］ はえて いました。

たくさん たけのこを とって、かごに

［　　　　　　　　　　］に おしこんで

もちかえりました。

〇がつ　△にち　（くもり）

へやが　□□□□□□□□□　なので

そうじを　しました。まどを　あけると、風（かぜ）が

□□□□□□□□□　ふいて　きました。

□□□□□□□□□　あらった

ぞうきんで、ゆかを　きれいに　ふきました。

〇がつ　△にち　（あめ）

水（すい）ぞくかんで　イルカショーを　見（み）ました。

イルカが　□□□□□□□□　とんで

わを　くぐって　いました。さいごに　大（おお）きな

ジャンプを　すると、水（みず）が　かかって、ふくが

□□□□□□□□　に　なりました。

# 9 のばす 音の めいろ

● 正しい のばす 音は どちらかな？ 正しいほうの 文字を □に 書いて、ゴールまで すすもう。

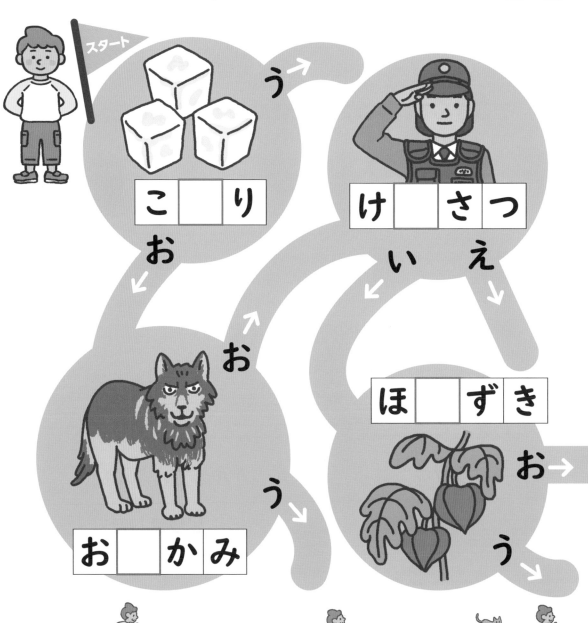

スタート

こ□り
お

け□さつ
い　え

お

ほ□ずき
お

う

お□かみ

う

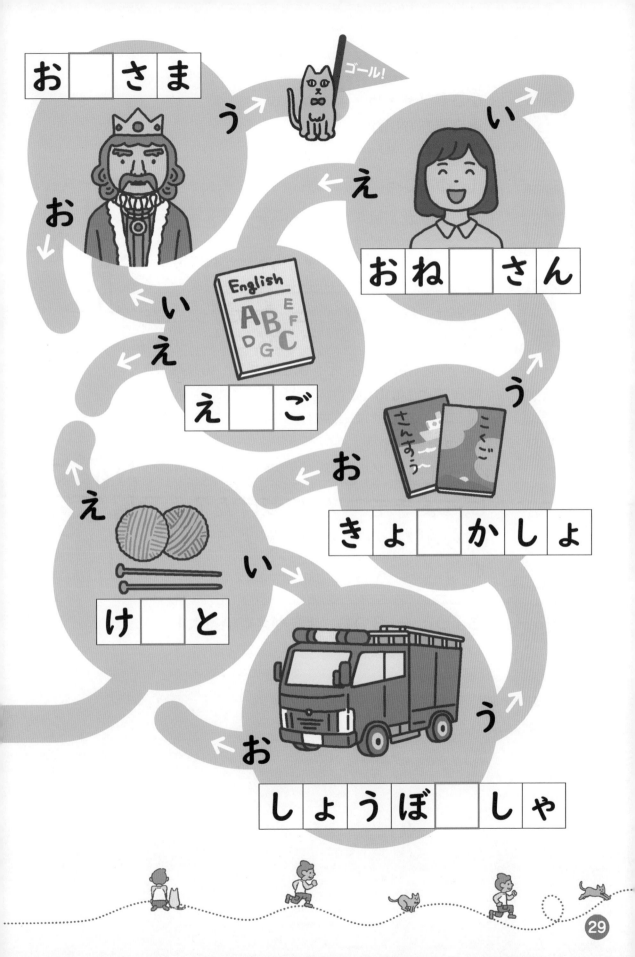

お [　] さ ま

ゴール!

い

え

おね [　] さん

お

い

え

え [　] ご

う

お

きょ [　] かしょ

え

い

け [　] と

お

う

しょうぼ [　] しゃ

29

小さな「ゃ・ゅ・ょ・っ」は
書きまちがいが
とっても 多いんだ。たとえば、

しゅぱっつ

これは なんて 書きたかったんだと思う？

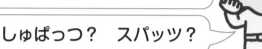

しゅぱっつ？ スパッツ？

本当は、「しゅっぱつ」と 書きたかったんだ。
書いたら、声に 出して 読んでみて、小さな
「ゃ・ゅ・ょ・っ」を まちがえて いないか
見直すと いいよ！

わかったくしゃ！
ゆうしゅくを たべて、
しっょきを かたづけたら、
ひらがなの べんきようを
するくしゃ。

ちょっと……3つも まちがえているよ！
しっかり してよ〜！

★ やってみよう！★

みのまわりで、オノマトペ（ぴょんぴょん・ジャージャー など）を
さがしてみよう！

ひらがなで 書かれている ものと、

カタカナで 書かれている ものの ちがいは 何かな？

もこもこ星に　とうちゃくした　ジュンと　モモは

びっくり！　なんと！　羊みたいに　もっこもこの

もこもこ星人が　文字を　食べようと　しているのです！

| わ | ら | や | ま | は | ★ | た | さ | か | ★ |
|---|---|---|---|---|---|---|---|---|---|
|   | り | ★ | ひ | に | ち | ★ | き | い |   |
| を | る | ゆ | む | ふ | ぬ | つ | す | く | う |
|   | れ |   | め | へ | ★ | て | せ | ★ | え |
| ん | ろ | よ | ★ | ほ | の | と | そ | こ | お |

むしゃむしゃ……まだ　食べられるもこ！
ひらがなは　たくさん　あるから、少しくらい
食べても　だいじょうぶだもこな？

食べちゃ　だめだよ！！
ひらがなは　組み合わせると
ことばに　なるんだから、
どの　ひらがなも　大切なんだ。

# 10 ことばさがし

●→か　↓に　読んで、生きものの　名前を　さがそう。
見つけたら、◯で　かこみ、□に　書こう。

〈れい〉

| ら | あ | よ | し | き | ね | り |
|---|---|---|---|---|---|---|
| く | た | の | ま | り | う | な |
| だ | ち | ょ | う | る | さ | ま |
| ん | み | ゆ | ま | ち | え | け |
| め | う | ぐ | い | す | き | も |
| ち | ゅ | れ | ろ | う | ゃ | の |
| わ | か | ぶ | と | む | し | せ |

〈れい〉

| らくだ | | |
|---|---|---|
| | | |

●つぎは、食べものの　名前を　さがそう。
見つけたら、◯で　かこみ、□に　書こう。

| か | ぎ | た | ま | ご | や | き |
|---|---|---|---|---|---|---|
| う | よ | だ | そ | む | ち | み |
| な | う | ぺ | や | れ | ら | ん |
| っ | ざ | ち | い | ん | し | ご |
| と | も | く | す | ど | ず | わ |
| え | せ | ゆ | い | お | し | さ |
| て | ん | ぷ | ら | り | ぱ | よ |
| き | べ | に | く | じ | や | が |
| ど | い | や | せ | ゆ | る | あ |

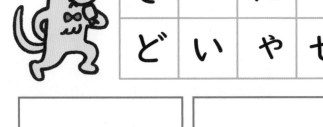

|  |  |  |
|---|---|---|
|  |  |  |

# 11 ことばの　かいだん

● 絵を　ヒントに　して、□に　ひらがなを　書いて、
ことばの　かいだんを　作ろう。

● □に ひらがなを 書<sup>か</sup>いて
「ここまでおいで」の かいだんを 作<sup>つく</sup>ろう。
絵<sup>え</sup>を ヒントに しても いいし、
自分<sup>じぶん</sup>で 考<sup>かんが</sup>えた ことばでも いいよ。

# 12 しりとり

● 絵に　合う　ことばを　□に　書いて、しりとりを　しよう。

さいごの　ことばは、自分で　考えてみよう。

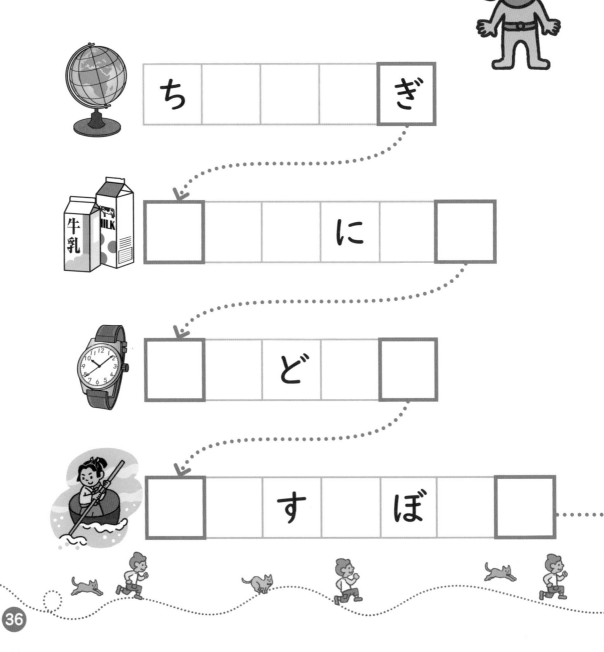

| ち |  |  |  | ぎ |

|  |  | に |  |  |

|  | ど |  |  |

|  | す |  | ぼ |  |

▼自分で 考えて 書こう。

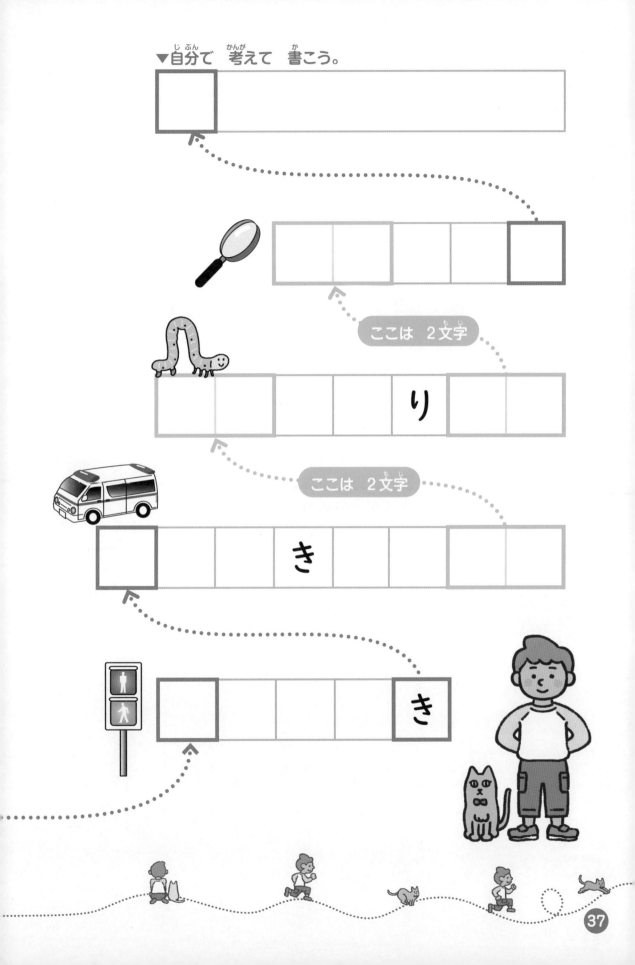

ここは 2文字

り

ここは 2文字

き

き

ジュン！ しりとりを するもこ。
さいしょは オレから……。かさ

さる

ルビー

ビール

ルーレット

トイプードル

………………

「る」で おわる ことば ばっかり、ずるいもこ！

あはは！ ばれちゃった。「る」から
はじまる ことばは 少ないから、「る」で
おわる ことばを たくさん 知っていると、
しりとりで かちやすいんだ！

くやしい！ また しょうぶするもこ！

★ やってみよう！★

ちょっと むずかしい しりとりに ちょうせん。

レベル① 食べものの 名前だけで しりとり

レベル② ３文字の ことばだけで しりとり

レベル③ 暗記しりとり（前の人までが言ったことばをぜんぶ言う）

ぴかぴか星では、宝石のように　ぴかぴかと　光った

ぴかぴか星人が、ジュンと　モモの　ほうに　歩いて

きました。

> ちょっと！　あなたたち。
> この　本に、見たことが　ない
> ひらがなが　出てきたぴか。
> まだ、ひみつに　している
> ひらがなが　あるぴか？

シンデレラ

> これは　「ひらがな」じゃないよ。
> 「カタカナ」だよ！　もしかして
> カタカナを　知らないの？

> し……知っているに
> きまってるぴかぴかぴか。
> （カタカナって　何!?）

# 13 カタカナ ぬりえ

● カタカナだけに　色を　ぬろう。

　なんの　絵が　出て　くるかな？

● 出て　きたのは、

# 14 カタカナ 点つなぎ

●アイウエオ……の　じゅんに、●を　線で　つなごう。
なんの　絵が　出て　くるかな？

●ア ●イ ●オ ●カ
●ウ ●エ ●ク ●キ
●コ ●ケ ●レ
●サ
●シ ●ヌ ●ン ●ヲ ●ル
●ス ●セ ●ニ ●ラ ●リ
●タ ●ソ ●ネ ●ノ ●ワ ●ロ ●ヨ ●ユ
●チ ●ツ ●ナ ●ヒ ●ハ ●マ ●ミ ●モ ●ヤ
●テ ●ト ●フ ●ヘ ●ホ ●ム ●メ

●出て　きたのは、

41

# 15 カタカナ ことばさがし

● →か ↓に 読んで、カタカナの 食べものの 名前を さがそう。見つけたら、◯で かこみ、□に 書こう。

| チ | ラ | シ | マ | オ | ネ | ビ |
|---|---|---|---|---|---|---|
| ャ | タ | チ | エ | ム | ウ | ビ |
| ア | ネ | ヤ | グ | ラ | タ | ン |
| カ | レ | ー | ョ | イ | ツ | バ |
| ヒ | ヲ | ヤ | エ | ス | マ | リ |
| カ | ハ | ン | バ | ー | ガ | ー |
| ス | テ | ー | キ | ウ | ロ | ム |

|  |  |  |
|---|---|---|
|  |  |  |

# 16 にている　カタカナ

● メッセージが　書いてあるけれど、まちがっている
カタカナが　あるみたい。5つ　見つけて、
正しく　書きなおそう。

〈れい〉

きょうの　よるごはんは　ﾂチュー。
シ

だから、パソを　買って　帰るね。

デザートは、マップルパイと

プソンと　テーズケーキと

タッキーの　中で　どれが　いい？

# 17 カタカナ　ことばづくり

● の　中の　カタカナを　ならべかえて　できる　ことば
を　□に　書こう。＊つかわない　文字が　ひとつずつ　あるよ。

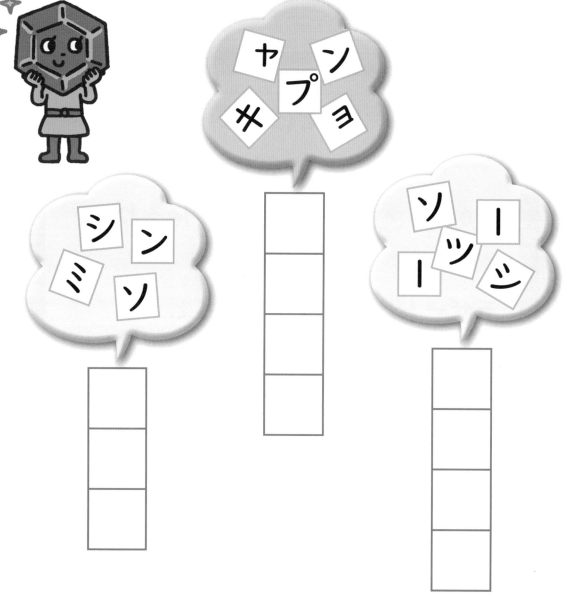

カタカナは　ひらがなに　くらべて、
かんたんな　気が　するぴか……？

それは、きっと、
カタカナが　ひらがなに　くらべて、
　・まっすぐな　線が　多い
　・画数が　少ない
という　とくちょうが　あるからだよ。
じつは　カタカナは、漢字の　一部から
作られた　文字なんだよ！

| 阿 | 伊 | 宇 | 江 | 於 |
|---|---|---|---|---|
| ア | イ | ウ | エ | オ |
| ア | イ | ウ | エ | オ |

本当だ！　おもしろいぴか！
（ひらがなと　カタカナの　ほかにも
　文字が　あるぴか？
　地球の　ことばは　すごいぴか…！）

★ やってみよう！★

ひらがなと　カタカナで、形が　にている　文字と
にていない　文字が　あるよ。どの　文字は　にていて、
どの　文字は　にていないかな？

とげとげ星では、体じゅうが　とげとげして　いる

とげとげ星人が、うれしそうに　何かを　書いています。

> カタカナも　ぜ〜んぶ　おぼえたとげ！
> ほら　こんなに　たくさん　書けるように
> なったとげ。

コンド　トゲトゲセイノ

ウンドウカイガ　アリマス。

ホシコロガシヤ、ホシイレ、

ホシヒキナドヲ　スルノデ、

ゼヒ　キテクダサイ。

> ぜんぶ　カタカナで　書いちゃったの？
> カタカナで　書く　ことばには
> きまりが　あるんだよ。

> とげ？
> （カタカナだけで
> 書いちゃだめなのか？
> どんな　きまりが
> あるんだとげ？）

# 18

## どうぶつの 鳴き声じてん

● どうぶつの 鳴き声じてんを 作ろう！
どうぶつに 合う 鳴き声を ┈┈┈から
えらんで、□に カタカナで 書こう。

**いぬ**
鳴き声：

**うま**
鳴き声：

**ねこ**
鳴き声：

**ねずみ**
鳴き声：

わんわん　　　がおう
こけこっこう　　ちゅうちゅう
もうもう　　　ひひいん
めえめえ　　にゃあにゃあ

## うし
鳴き声：

## ライオン
鳴き声：

## にわとり
鳴き声：

## ひつじ
鳴き声：

# 19 世界の ともだち

● 世界の　ともだちが　じこしょうかいを　して
いるよ。□の　ことばを　カタカナで　書こう。

わたしは、えま　です。

あめりか　の

わしんとん　に

すんでいます。

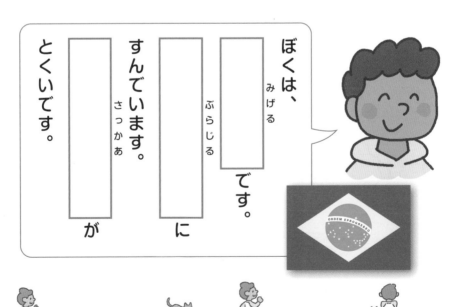

ぼくは、みげる　です。

ぶらじる　に

すんでいます。

さっかあ　が

とくいです。

わたしは、
れいら
です。
えじぷと
に
ぴらみっど
を
見たことが　あります。

わたしは、
いざべら
おうすとらりあ
です。
の
しどにい
に　すんでいます。

ぼくは、
いんど
に　すんでいます。
あれっくす
です。
げえむ
が　すきです。

# 20 カタカナ クロスワード

● カギの　答えを　書いて、

クロスワードパズルを　かんせいさせよう。

ぜんぶ、カタカナの　ことばだよ。

→ → → 　よこの　カギ　→ → →

① 茶色くて　あまい　おかし。とけないように　食べよう。

② くだものや　やさいで　作る　のみもの。あまい　ものが　多い。

③ サンドイッチに　入れたり、目玉やきと　いっしょに　やく　ことが　ある　食べもの。

④ 電気などで　うごく、きかいで　できて　いる　人形。

⑤ はだしで　足に　はくもの。夏に　だいかつやく。

⑥ 野球で　ボールを　うつ　ときに　つかう　道具。

↓ ↓ ↓ 　たての　カギ　↓ ↓ ↓

③ ♥←この　マークの　名前は？

⑦ カードゲーム。4つの　マークと、1から　13までの　数字が　ある。

⑧ ボールを　かごに　入れて、点数を　きそう　スポーツ。

⑨ 宇宙まで　とぶことが　できる　のりもの。

⑩ 赤くて　丸い　やさい。上から　読んでも、下から　読んでも　同じ　名前。

① ⑦

⑧

② ⑨

③

④

⑩

⑤

⑥

どんな ことばを カタカナで 書くか
わかったかな？

アメリカとか、チョコレートとか、
ガオーとか……

• 外国の 地名や 人の 名前
• 外国から 来た ことば
• ものの 音や、動物の 鳴き声
は カタカナで 書くよ。

じゃあ、ひらがなで 書かれている
ことばは どんな ことばとげ？

カタカナが 外国から 来た ことばだと すると、
ひらがなで 書かれている ことばは、
「むかしから 日本で つかわれていた ことば」と
いう ことだね。

★ やってみよう！★

みのまわりで、カタカナで 書かれた ことばを

さがしてみよう！ 1分間で いくつ さがせるかな？

0〜3こ：カタカナ しゅぎょうちゅう

4〜7こ：カタカナ 名人

8こいじょう：スーパー カタカナ マスター

もじゃもじゃ星に　つくと、頭が　もじゃもじゃの　毛に

おおわれている　もじゃもじゃ星人が、カードを　手に　して

考えこんで　いました。

この　2まいの　カードで、
なにか、文字が　できると
聞いたもじゃ。
カタカナじゃ、ないもじゃ？

わかった！
それは、「名」だよ。
漢字の　たし算カードだね。

も、もじゃ……？　漢字だと？
（また　べつの　文字が
　出て　きたもじゃ……！）

# 21

第7の星 もじゃもじゃ星　漢字 ①

## 漢字ビンゴ

● たて、よこ、ななめに　組み合わせて　できる
漢字を　□に　書こう。

〈やり方〉

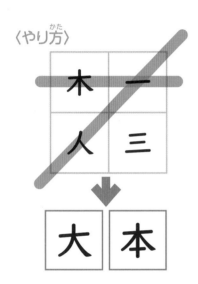

レベル1

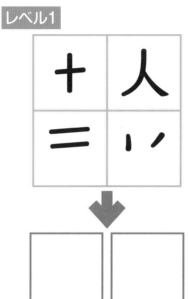

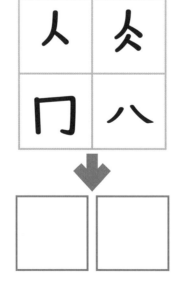

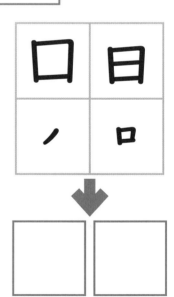

| 見 | 心 | 木 |
|---|---|---|
| 之 | 立 | 木 |
| 斤 | イ | 木 |

こんどは　3つの
組み合わせだね。

↓

|  |  |  |
|---|---|---|
|  |  |  |

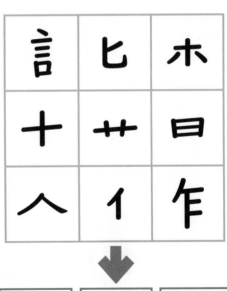

| 尺 | 口 | 卩 |
|---|---|---|
| 一 | ヨ | 也 |
| 日 | 寸 | 土 |

↓

|  |  |  |
|---|---|---|
|  |  |  |

| 言 | ヒ | ホ |
|---|---|---|
| 十 | 艹 | 目 |
| 八 | イ | 乍 |

↓

|  |  |  |
|---|---|---|
|  |  |  |

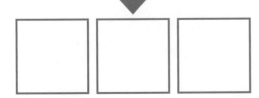
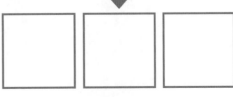

# 22 おくりがな あみだくじ

●それぞれの 漢字に 正しい おくりがなが つづくように
よこ線を 2本 書きたして、あみだくじを 直そう。

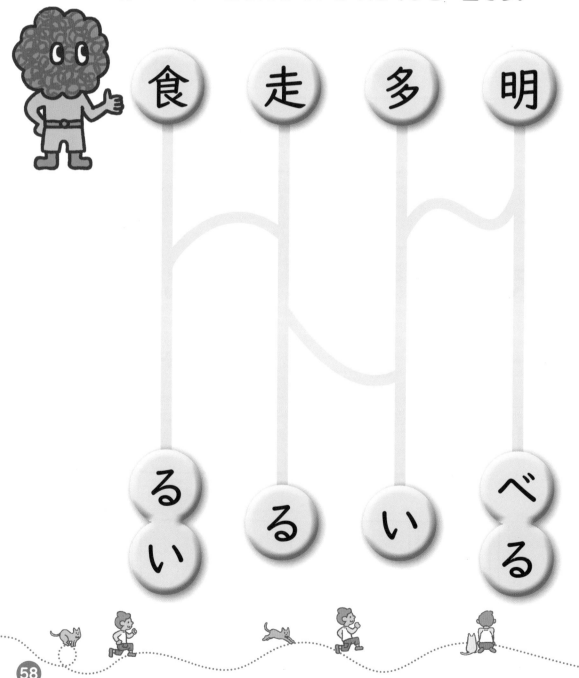

# 23

## 漢字しりとり

● 漢字2字の ことばで しりとりを しながら、
ゴールまで すすもう。 〈やり方〉 左右→右足→足音

スタート

| | | | |
|---|---|---|---|
| 大 | 切 | 手 | 本 |
| 会 | 口 | 字 | 名 |
| 長 | 学 | 文 | 作 |

ゴール!

● ゴールの 「学」から、しりとりを つづけてみよう。

学◯ ➡ ◯◯ ➡ ◯◯

# 24 漢字タイムトラベル

● □と 同じ 漢字を たどって、いちばん 古い 漢字を 見つけよう。右へ いくほど むかしの 漢字に なるよ。

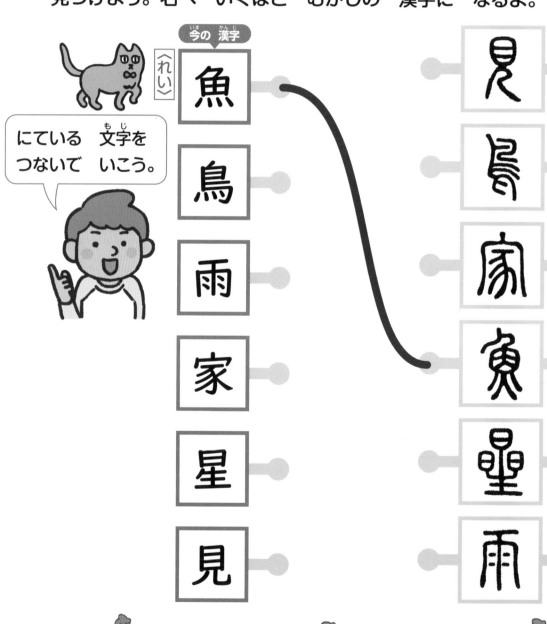

にている 文字を つないで いこう。

今の 漢字

〈れい〉 魚 鳥 雨 家 星 見

60

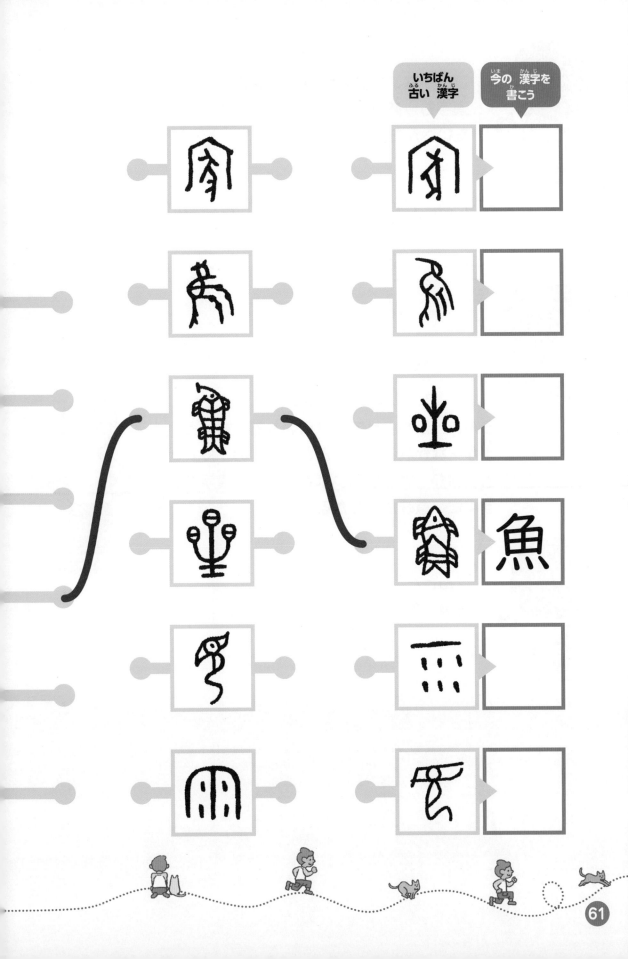

ひらがな、カタカナの　ほかに、
漢字も　あるとは
たいへんだなもじゃ……。

そうだね。でも、漢字って　とっても　べんり
なんだよ。文章が　読みやすく　なって、
ことばの　意味が　わかりやすく　なるんだ。

そうなのもじゃ？

うん、「かわ」って　ひらがなで　書くと、
水が　ながれる「川」と、みかんの「皮」と
どっちか　わからないよね。でも、漢字なら
すぐに　意味が　わかるでしょ！

ほんとだ！
漢字って　べんりなんだもじゃ！

★ やってみよう！★

家の　中から　漢字を　見つけよう。

本、カレンダー、くすりばこ、キッチン……。

いろいろな　ところに　漢字が　かくれているよ。

ぷるぷる星では、頭（あたま）が　ぷるぷる　ふるえている
ぷるぷる星人（せいじん）が、1まいの　紙（かみ）を　手（て）に　して　うきうきして
いました。

木（き）が　たくさん　あると
森（もり）に　なるんだよな。
すごく　じょうずに　書（か）けたぷる！

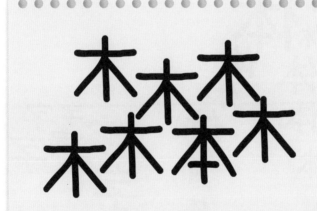

ええっ!?　たくさん　書（か）きすぎだよ。
それに、木と　にているけれど
ちがう　ものが　まざっているよ。

ぷる？　多（おお）すぎたら、
ダメなのか？
（にている　漢字（かんじ）も
あるぷる……!?）

# 25 ひとつだけ ちがう 漢字

● ひとつだけ、ちがう 漢字を 見つけて、□に 書こう。

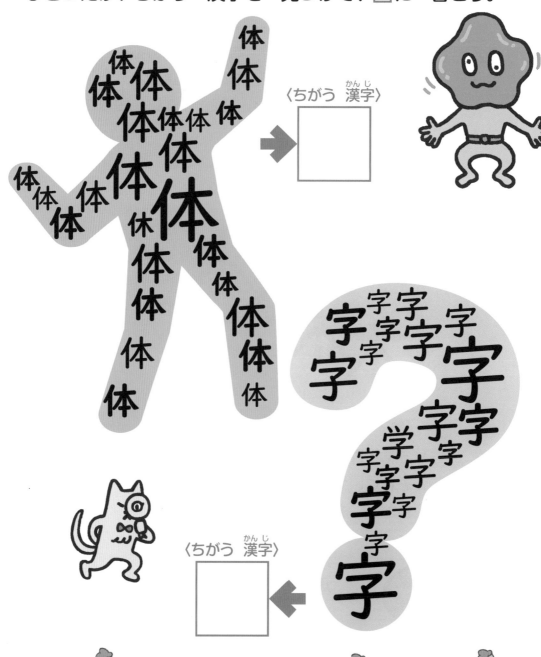

〈ちがう 漢字〉

〈ちがう 漢字〉

読読読読読
読読読読読読
読読読読読読読
話読読読読読読
読読読読読

〈ちがう 漢字〉

〈ちがう 漢字〉

木木木木木木木木木木木木木木木木木木木木木木木本木木木

池池池池池池池池池池池地池池池池池池池

〈ちがう 漢字〉

# 26 漢字ジグソーパズル

● なかまの　漢字を　見つけて、下の　パズルを
かんせいさせよう。

| 弟 | 家 | 赤 | 馬 | 海 | 雪 |

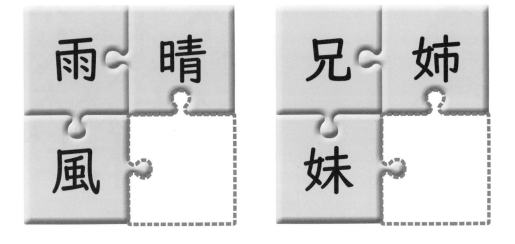

| 雨 | 晴 |
| 風 | |

| 兄 | 姉 |
| 妹 | |

| 青 | 黄 |
| 白 | |

| 鳥 | 犬 |
| 牛 | |

# 27 はんたい語つなぎ

● はんたいの　ことばどうしを　線で　つなごう。ひとつだけ
はんたいの　ことばが　見つからない　ものが　あるよ。

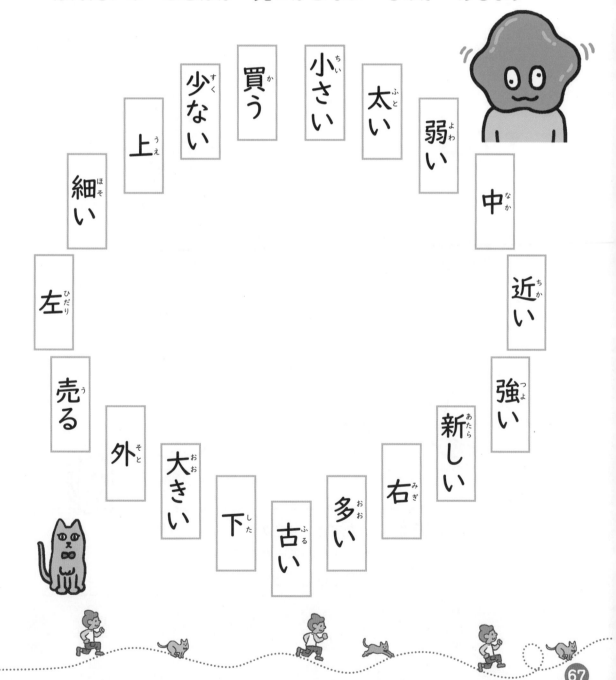

# 28 漢字の あんごう文

● 〈あんごう表〉を もとに、□に 合う 漢字を
書いて 手紙の なかみを 読みとこう。

〈あんごう表〉

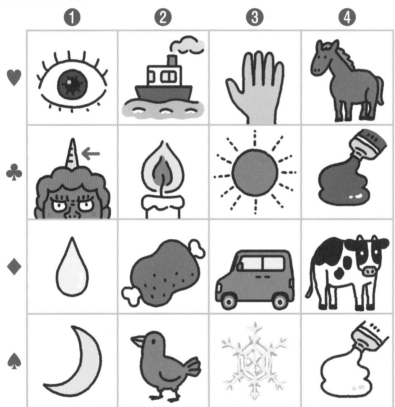

〈やり方〉 〈あんごう表〉の たてと よこの
数字と マークが まじわる ところの
絵が あらわす ことばを 漢字に 直す。

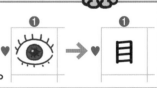

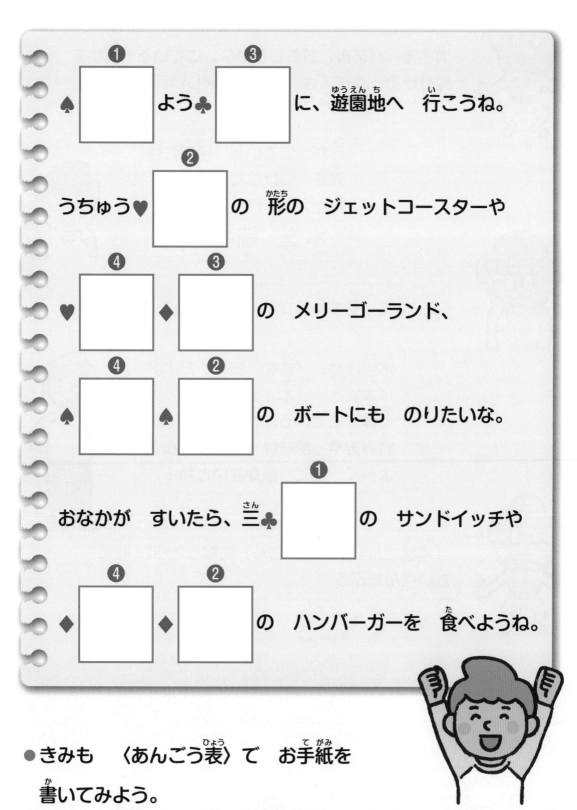

♠ [①] よう ♣ [③] に、遊園地（ゆうえんち）へ　行（い）こうね。

うちゅう ♥ [②] の　形（かたち）の　ジェットコースターや

♥ [④] ◆ [③] の　メリーゴーランド、

♠ [④] ♠ [②] の　ボートにも　のりたいな。

おなかが　すいたら、三（さん）♣ [①] の　サンドイッチや

◆ [④] ◆ [②] の　ハンバーガーを　食（た）べようね。

●きみも　〈あんごう表（ひょう）〉で　お手紙（てがみ）を
書（か）いてみよう。

69

漢字の パズル、おもしろいな。にている 漢字を
見分ける クイズは すごく 楽しいぷる。

形が にている 漢字には
気を つけなくっちゃね。
たとえば、ほら。

木を 読む

「木」って、読めるのか？

本当はね、「本を 読む」だよ。
「本」と 「木」って、
形は にているけれど、
読み方や 意味は ちがうから、
よ〜く 見て 書かないとね！

「本屋さん」が「木屋さん」になったら、
たいへんだぷる！

★ やってみよう！★

にている 漢字で、P64〜65のような、漢字さがしを

つくってみよう！ ヒントを 考えても いいね。

にがてな 漢字で やってみるのが、おすすめだよ！

「あ〜、よく　ねむったなあ！」
ジュンと　モモは、ふかふかの　ベッドの
中で　目を　さましました。
「な〜んだ　ゆめかあ。へんてこな　宇宙人
　たちだったな。」

でも、ゆめではなかった　ことに、
ジュンが　気づくのは、まくらの
下から　こんな　手紙を
見つけた　とき……。

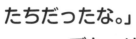

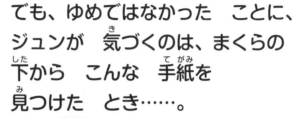

ジュンと　モモの　おかげで
オレたち　もじの
しゅくだいが　できたぜ！
　　　　8人の　うちゅう人より

そのころ、宇宙では……。
「やったあ！　宿題の　答えが　ようやく　わかったもこ！」
「ジュンと　モモの　おかげだもじゃ！」
「もこが、答えを　食べちゃうからだとげ！」
もこもこ星人が　宿題の　答えを　食べてしまったので、
宇宙人たちは　テストだと　言って、ジュンに　答えを
教えて　もらって　いたのでした。

# 第1の星　ふさふさ星　ひらがな①　こたえ と せつめい

ばらばらになったカードを組み合わせて「ひらがな」を作り、できたひらがなを組み合わせて「言葉」を作る学習をします。身のまわりの言葉が、文字の組み合わせで成り立っていることに気づき、文字を操る楽しさを体験することで、文字や言葉に対する興味・関心を引き出します。

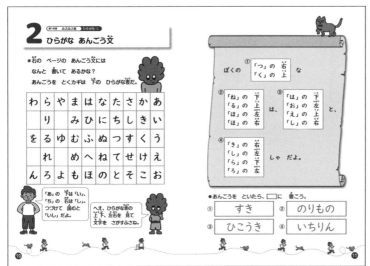

ひらがな表の上下・左右に注目して、暗号を解く問題です。お子さまと一緒にひらがな表を声に出して読んでみるとよいでしょう。上下（あいうえお…）、左右（あかさたな…）に読むことで、ふだん何気なく目にしているひらがな表が、母音（aiu eo）の順に並んでいることが発見できます。

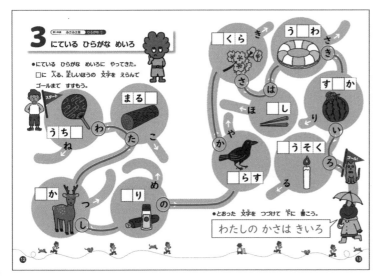

字形の似ているひらがなに注意して、正しい文字を選ぶ問題です。まちがえた場合は、「これは『ね』だよ。『わ』と似ているけれど、どこが違うかな？」などと声をかけ、丸める部分やはらう部分、線の数や長さなど、似ているひらがな同士の違いを確認しましょう。

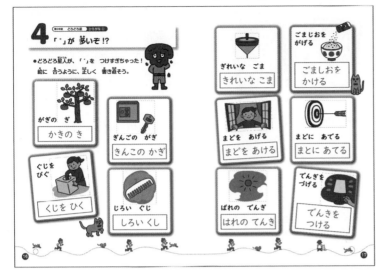

不要な濁点（ ゛ ）を取り、正しい言葉に直す学習です。問題は、「かき」と「かぎ」のように濁点の有無で変化する言葉を並べて出題しています。言葉を声に出して読み、言葉の変化も楽しみながら取り組みましょう。また、濁点がつく文字とつかない文字があることも確認しましょう。

濁点（ ゛ ）と半濁点（ ゜ ）をつけて、正しい文を作る学習です。濁点、半濁点がつく文字とつかない文字をしっかり確認しながら取り組むとよいでしょう。また、直す前の文と、直した後の文を声に出して読み、お子さまと一緒に、清音、濁音、半濁音がもつ音の特徴についても考えてみるとよいでしょう。

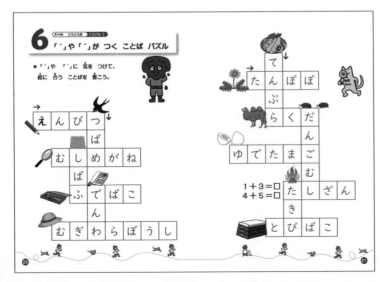

濁点（ ゛ ）と半濁点（ ゜ ）がつく言葉を縦、横に並べて解くクロスワードパズルです。交差しているところには同じ文字が入ります。まず、絵の名前を声に出し、文字数がマスの数と合っているかを確認してから書くように促しましょう。濁点や半濁点が、文字の右上の正しい位置に書けているかも確認してください。

促音（小さい「っ」）の学習です。完成したら、カルタを声に出して読み、大きい「つ」と小さい「っ」で言葉が変化することや、日本語のリズムの楽しさを味わいましょう。促音は「○まっくら、×まくっら」のように、入れる場所をまちがえることが多いので注意が必要です。

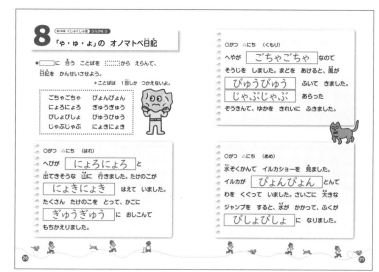

拗音（小さい「ゃ・ゅ・ょ」）をふくむオノマトペ（ものの音や様子を表す言葉）を使う学習です。お子さまに、「オノマトペを使っているから、日記の様子がよくわかるね。」などと声をかけ、オノマトペは、読んだ人に様子や状況をわかりやすく伝えるために有効な言葉であることを確認しましょう。

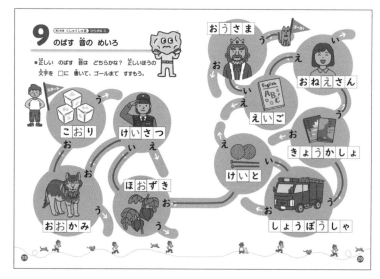

長音（のばす音）の学習です。特に、エ段は「けいさつ」の「い」と、「おねえさん」の「え」、オ段は「おうさま」の「う」と「おおかみ」の「お」のように、2つのパターンがあるので、高学年になってもまちがいが多い学習単元です。何度も繰り返してしっかり覚えるようにしましょう。

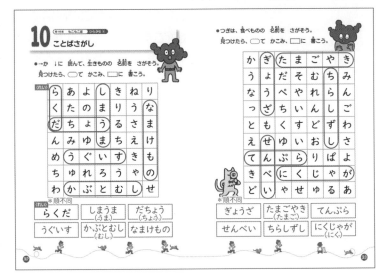

ひらがなの表の中から、生き物の名前や食べ物の名前を探します。今まで学習してきた、濁音・半濁音・拗音・長音をふくむ言葉が多く隠れています。ヒントがないので少し難しい問題ですが、しっかり探せば必ず見つかるので、全部探せるようにていねいに根気強く取り組みましょう。

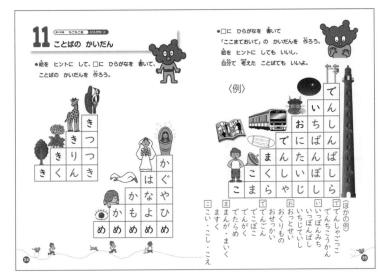

指定された文字から始まる、または終わる言葉を書き、1文字ずつ増えていく言葉の階段を作ります。なかなか言葉が出てこない場合は、おうちのかたも一緒に考えたり、国語辞典を使って言葉を探したりしてみましょう。カタカナで書く言葉を書いていても正解です。

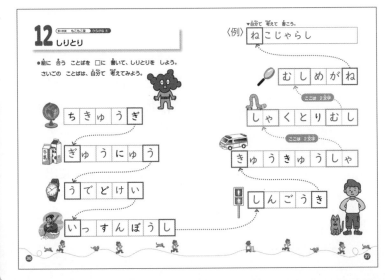

今まで学習してきた、濁音・促音・拗音・長音を含む少し難しい言葉を使ったしりとりです。書きまちがえている場合は、「あれ？　声に出して読んでみよう。どこがちがうかな?」などと声をかけ、自分でまちがいを発見し正しく書き直すように促しましょう。

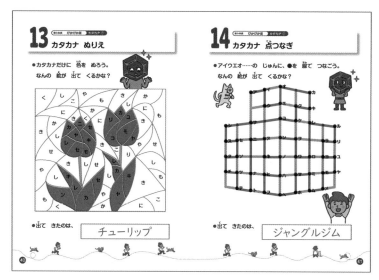

カタカナとひらがなを区別する問題です。「カ」と「か」や、「リ」と「り」など、カタカナとひらがなで字形が似ているものに注意して、一つ一つていねいに探しましょう。

カタカナを五十音順に結ぶ問題です。「ア・イ・ウ・エ・オ……」と、声に出しながら取り組むとよいでしょう。

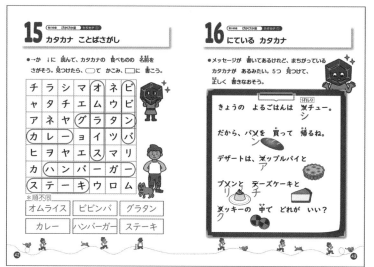

カタカナの表の中から、食べ物の名前を探します。

似ているカタカナのまちがいを正しく書き直す問題です。正しい言葉を声に出すことで、まちがっているカタカナが見つけやすくなります。小学生に多いまちがいを出題していますので、注意しましょう。

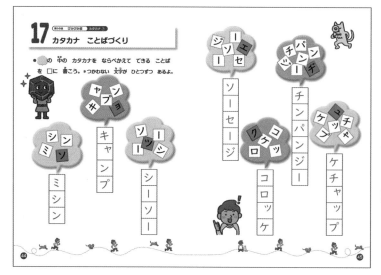

カタカナを並べかえて言葉を作る問題です。似ているカタカナや、濁音・半濁音・促音・拗音・長音などの特殊音を含む難しい言葉を出題しています。中でも、特殊音が2つ以上含まれる言葉は書きまちがいがとても多いです。書いたら声に出して読み、正しく書けているか確認しましょう。

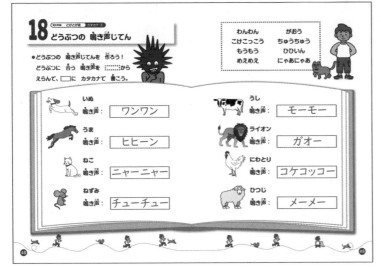

動物に合うように、鳴き声をカタカナで書く問題です。「ガオウ」などと、長音をまちがえて書いている場合は、カタカナの長音は「―（長音符号）」を使って書くことを確認しましょう。また、動物の鳴き声などの擬音語（音を表す言葉）はカタカナで書くことも覚えましょう。

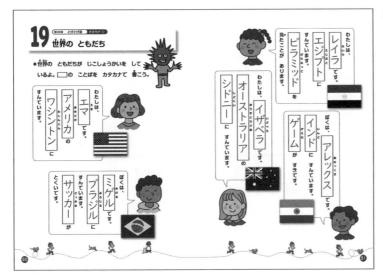

様々な国の友達の自己紹介を完成させます。促音や長音に気をつけて、正しく書けているか確認しましょう。外国の地名や人の名前、外国から来た言葉はカタカナで書くことも覚えましょう。また、「エマはどこに住んでいるのかな?」などと、お子さまと一緒に地図や地球儀などで確認すると学びが広がります。

濁音・半濁音・促音・拗音・長音などの特殊音を含むカタカナの言葉を書いて、クロスワードパズルを完成させます。クロスワードパズルのやり方がわからない場合は、おうちのかたが、縦と横のカギの答えを指定された数字のマスから書き始めることや、交差するところには同じ文字が入ることなどを説明してから取り組むとよいでしょう。

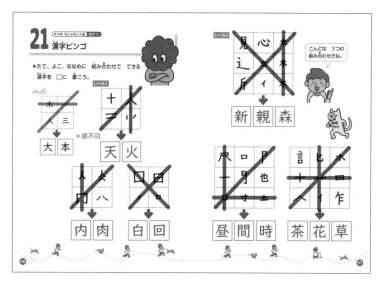

漢字は、いくつかの部分からできています。まずは、ばらばらになっている部分を組み合わせて、ひとつの漢字になるおもしろさを楽しみ、パズル感覚で漢字に親しむことから始めるとよいでしょう。また、部分に注目することで、漢字の成り立ちや部首への理解にもつながるでしょう。

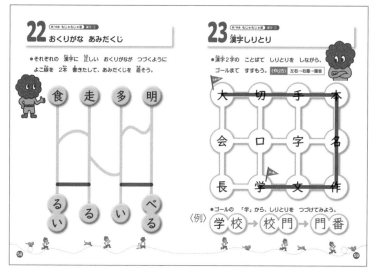

送りがなは、漢字の後につける大事なひらがなです。送りがなによって、文章が読みやすく、漢字の意味がわかりやすくなります。

漢字しりとりは、漢字を覚えると同時に語彙を増やす練習にもなります。紙に書いたり頭で思いうかべたりしながら、お子さまとしりとりをしてみましょう。

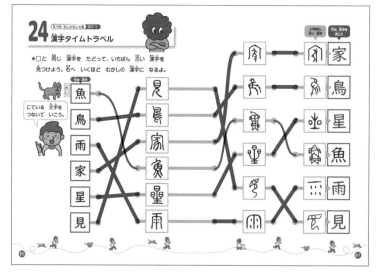

生き物や人、ものなどの形を絵にして表したのが漢字の始まりです。例の「魚」は、魚の姿をそのまま描いた字から、少しずつ形を変えながら、今の「魚」という字になりました。今の漢字は楷書といい、約2千年前に生まれたものです。形の似ている漢字を探して、漢字の歴史をたどってみてもおもしろいでしょう。

形の似ている漢字はたくさんありますが、少し形がちがうだけで全く別の漢字となり、読み方や意味が変わってしまいます。正しく使い分けられるように、形の似ている漢字同士でクイズを作って練習をするとよいでしょう。特に苦手な漢字ほど、クイズのように楽しく学べる工夫をしてみてください。

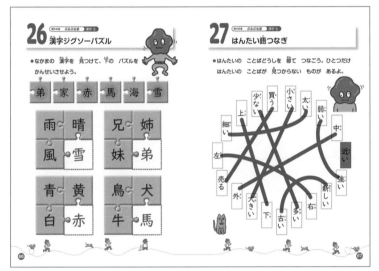

意味が似ている仲間の漢字や反対語など、グループにして覚えると、語彙力を増やすことができます。例えば、「海・空・山・川」など自然を表す漢字、「立つ・走る・歩く」など動作を表す言葉など、さまざまなグループを考えてお子さまと競い合って探してみるとよいでしょう。

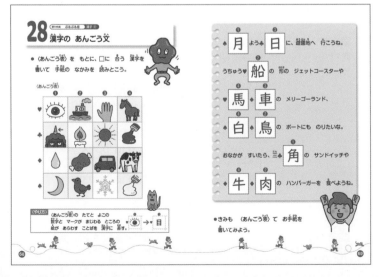

漢字はひらがなやカタカナとはちがい、一字で意味を表すことができます。これを利用した、漢字の暗号文を同じように考えてみましょう。その漢字を、どう絵に表すかを考えることで漢字への理解がさらに深まります。また、暗号文でなくても、日常の中で漢字を積極的に使うことで漢字の力を伸ばしていけるとよいでしょう。

■監修者■

大越和孝（元筑波大学附属小学校教諭・元東京家政大学教授・日本国語教育学会常任理事）

成家亘宏（元東京都公立小学校校長・元文教大学講師・日本国語教育学会常任理事）

泉　宜宏（元東京都公立小学校校長・元文教大学講師・日本国語教育学会常任理事）

今村久二（元東京都公立小学校校長・元秀明大学教授・日本国語教育学会常任理事）


■編集協力 ················ 板谷路子（ストーリー設計・21〜27）／田中 梓（1〜20）
■本文デザイン ··········· 渡邊美星子
■装丁デザイン ··········· TenTenGraphics
■本文・装丁イラスト ··· いたばしともこ
■校正 ····················· K-clip（熊谷真弓／花井佳用子）

言語感覚をみがく！
## ことばあそびワーク　―文字の世界―

初版第1刷発行　·········　2024年3月30日


編　者　········　Z会編集部
発行人　········　藤井孝昭
発　行　········　Z会
　　　　　　　　〒411-0033　静岡県三島市文教町1−9−11
　　　　　　　　【販売部門：書籍の乱丁・落丁・返品・交換・注文】
　　　　　　　　　　TEL 055-976-9095
　　　　　　　　【書籍の内容に関するお問い合わせ】
　　　　　　　　　　https://www.zkai.co.jp/books/contact/
　　　　　　　　【ホームページ】
　　　　　　　　　　https://www.zkai.co.jp/books/


印刷・製本　········　シナノ書籍印刷株式会社